THERACURMIN^{MD}

Accroître le pouvoir de guérison de la curcumine

Michael T. Murray, ND

Theracurmin^{MD}
Accroître le pouvoir de guérison de la curcumine

Mind Publishing

L'information, notre point de mire

POUR RENSEIGNEMENTS
Mind Publishing Inc.
C.P. 57559
1031, av. Brunette
Coquitlam, C.-B. (Canada) V3K 1E0
Tél. : 604 777-4330
Sans frais : 1 877 477-4904
Télécopieur : 1 866 367-5508
Courriel : info@mindpublishing.com
www.mindpublishing.com

ISBN 978-1-927017-19-7
Imprimé au Canada

TABLE DES MATIÈRES

Introduction à la curcumine et à Theracurmin

La curcumine est le pigment jaune du curcuma *(Curcuma longa)* – principal ingrédient du cari. Le curcuma appartient à la famille du gingembre et sa culture est largement répandue en Inde, en Chine, en Indonésie et dans d'autres pays tropicaux. La partie utilisée est la racine (rhizome) : peau brune coriace et chair orange foncé. Le curcuma est habituellement séché (bouilli, nettoyé et séché au soleil), poli, puis réduit en poudre. Non seulement entre-t-il dans la composition de la poudre de cari, mais il est aussi utilisé pour donner de la couleur et de la saveur à d'autres aliments. Par exemple, jetez un coup d'œil à l'étiquette de la moutarde préparée : vous y verrez le curcuma dans la liste des ingrédients puisqu'il sert à donner à ce condiment son intense couleur jaune.

Le curcuma était autrefois connu sous le nom de « safran indien » en raison de sa couleur jaune orangé, semblable à celle du safran, une épice très convoitée. Le curcuma a un goût poivré, à la fois doux et amer, et dégage un parfum qui rappelle légèrement l'orange et le gingembre.

Histoire du curcuma

Le curcuma provient de l'Indonésie et du sud de l'Inde où il est cultivé depuis plus de 5 000 ans. Il a joué un rôle important dans bon nombre de cultures traditionnelles orientales, notamment en médecine ayurvédique et en médecine chinoise, où il a été utilisé comme agent anti-inflammatoire, ainsi que dans le traitement de nombreuses maladies, y compris la dépression, les troubles digestifs (flatulences, coliques et crampes), les affections du foie, les troubles menstruels, les traumatismes et les malaises cardiaques. Des cataplasmes de curcuma étaient souvent appliqués pour le soulagement de l'inflammation et de la douleur.

Des marchands arabes ont introduit le curcuma en Europe au XIIIe siècle, mais ce n'est que récemment que les cultures occidentales l'ont adopté. Sa popularité grandissante est en bonne partie attribuable aux résultats d'études récentes qui ont mis en lumière ses vertus thérapeutiques. Les principaux producteurs commerciaux de curcuma sont l'Inde, l'Indonésie, la Chine, les Philippines, Taïwan, Haïti et la Jamaïque.

Histoire de la curcumine

La curcumine a été isolée du curcuma en 1815 par Vogel et Pelletier, deux scientifiques de l'Université Harvard qui l'ont décrite comme une « substance de couleur jaune ».

Quelle est la différence entre herbes et épices ?

Techniquement, les herbes sont des plantes dépourvues de tige ligneuse. La plante qui possède une tige ligneuse est qualifiée d'arbuste, de buisson ou d'arbre. Le terme « herbe » sert également à décrire une plante ou une partie de plante utilisée à des fins médicinales. Par contre, une épice désigne un produit végétal qui possède des propriétés aromatiques et qui sert à assaisonner les aliments. La plupart des épices proviennent d'une écorce (p. ex., la cannelle), d'un fruit (p. ex., le piment de Cayenne et le poivre noir), de graines (p. ex., la muscade) ou d'une autre partie d'une herbe, d'un arbre ou d'un arbuste, tandis que les fines herbes utilisées pour cuisiner sont habituellement composées de feuilles et de tiges. Voilà un moyen facile de faire la distinction entre herbes et épices. Mais les fines herbes peuvent-elles être des épices et les épices peuvent-elles être des fines herbes ? Oui, bien sûr. De nombreuses fines herbes servent à assaisonner des aliments, rejoignant ainsi la définition des épices, et la plupart des épices peuvent être employées à des fins médicinales, se rapprochant ainsi de la seconde définition du terme « herbe ».

En 1842, le fils de Vogel a poursuivi les travaux de son père et purifié davantage la préparation de la curcumine, mais ce n'est qu'en 1910 que la structure chimique en a été établie. En chimie, la curcumine porte le nom de diféruloylméthane, ou 1,6-heptadiène-3,5-dione-1,7-bis (4-hydroxy-3-méthoxy-phényl) - (1E, 6E).

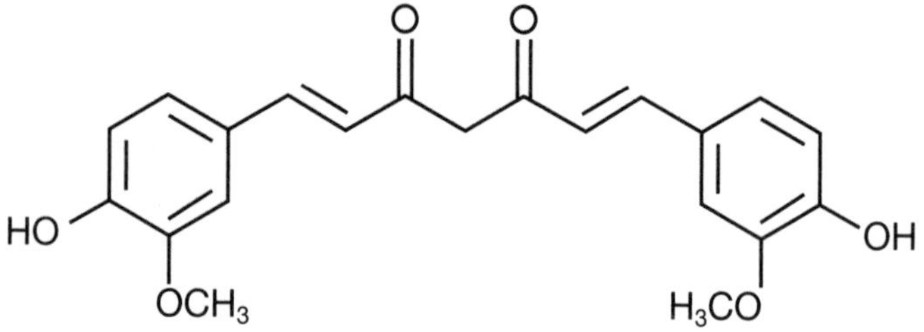

Figure 1. Structure moléculaire de la curcumine.

En 1949, la revue médicale *Nature* a dévoilé la première caractéristique biologique de la curcumine après qu'une expérience eut démontré qu'elle contenait un ingrédient actif protégeant contre des souches d'organismes pathogènes tels que *Staphylococcus aureus*, *Salmonella paratyphi* et *Mycobacterium tuberculosis*. En dépit de ces conclusions, seulement cinq articles ont été publiés sur la curcumine au cours des deux décennies suivantes. Pendant les années 1970, la curcumine a fait l'objet d'études scientifiques approfondies, trois groupes de chercheurs indépendants ayant découvert que la curcumine possédait un large éventail de propriétés, notamment anti-inflammatoires, antioxydantes, hypocholestérolémiantes et antidiabétiques. Toutefois, ce qui a réellement déclenché l'engouement des cercles de chercheurs pour la curcumine, ce sont des études réalisées au début des années 1980 qui ont dévoilé son action anticancéreuse.

En juillet 2014, plus de 5 000 articles sur la curcumine ont été recensés dans la base de données PubMed des National Institutes of Health (**www.ncbi.nlm.nih.gov/pubmed**). Comme l'indique le graphique ci-dessous, le nombre d'études sur les propriétés anticancéreuses de la curcumine a connu une hausse constante et importante entre 1990 et 2012 :

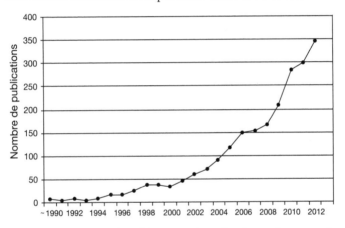

Figure 2. Le nombre de publications de recherche sur la curcumine et le cancer a connu une hausse constante et très importante au cours des 20 dernières années.

De nombreuses études expérimentales et cliniques ont révélé que la curcumine était un ingrédient très actif du curcuma, mais que cette action pouvait être divisée en trois indications principales : antioxydant général, anti-inflammatoire et agent de lutte contre le cancer.

Effets antioxydants particuliers de la curcumine

L'action antioxydante de la curcumine est supérieure à celle de nutriments antioxydants comme les vitamines C et E, car la vitamine C est efficace seulement contre les pro-oxydants hydrosolubles, et la vitamine E, uniquement contre les pro-oxydants liposolubles. La curcumine est particulièrement utile pour empêcher l'oxydation du cholestérol LDL et l'altération des artères. On lui attribue aussi d'autres bienfaits dans la prévention de l'athérosclérose (durcissement des artères), y compris la baisse des taux de cholestérol, la prévention de la formation de plaque et le ralentissement de la formation de caillots sanguins par une réduction de l'agrégation plaquettaire.

En ce qui concerne le ralentissement du processus de vieillissement, de nombreuses études ont prouvé que la curcumine protège le cerveau contre les dommages liés à l'âge, en particulier dans le cas de la maladie d'Alzheimer. Des chercheurs ont commencé à examiner cet effet après avoir noté que les habitants âgés (de 70 à 79 ans) de régions rurales de l'Inde qui consommaient de grandes quantités de curcuma affichaient la plus faible incidence mondiale de la maladie d'Alzheimer ; en effet, elle y est 4,4 fois moins élevée que chez les Américains. De plus, des études ont montré que la curcumine pouvait empêcher l'apparition des lésions cérébrales caractéristiques de l'Alzheimer chez des souris spécialement élevées pour développer la maladie et peut-être même inverser l'évolution de la maladie, puisqu'elle parvenait aussi à réparer ces lésions cérébrales, favorisant ainsi le rétablissement de la structure et de la fonction du cerveau.

Curcumine : le plus puissant des agents anti-inflammatoires naturels

Dans le cadre de plusieurs modèles expérimentaux et études cliniques, une importante activité anti-inflammatoire a été attribuée à la curcumine. En fait, les résultats de nombreuses études ont établi que les effets anti-inflammatoires de la curcumine étaient comparables à ceux de puissants médicaments comme l'hydrocortisone et la phénylbutazone et d'agents anti-inflammatoires en vente libre tels que l'ibuprofène. Plusieurs études cliniques ont également corroboré les effets anti-inflammatoires de la curcumine.

Ces études préliminaires sont certes prometteuses, mais la faible assimilation de la curcumine par le corps pourrait en limiter les bienfaits, comme l'ont montré certaines études sur le cancer. Les préparations conçues pour élever les niveaux de curcumine dans le sang et les tissus devraient permettre d'obtenir des résultats encore meilleurs (voir l'analyse ci-dessous).

Propriétés anticancéreuses de la curcumine

Les effets anticancéreux de la curcumine ont été observés à tous les stades de la maladie, soit dès son apparition et au cours de sa propagation et de sa progression. La curcumine possède un incroyable pouvoir de protection contre la détérioration de l'ADN. Cet effet a récemment été révélé lors d'une étude portant sur une localité dont l'eau souterraine présentait une teneur élevée en arsenic. Compte tenu des graves dommages que ce métal inflige à l'ADN par oxydation, il est extrêmement carcinogène. Cette altération de notre code génétique est reconnue comme le mécanisme qui sous-tend l'effet carcinogène de l'arsenic. Les échantillons sanguins prélevés avant la supplémentation en curcumine ont révélé une présence accrue de radicaux libres, une forte peroxydation lipidique et une détérioration sévère de l'ADN. Au terme de trois mois de supplémentation, l'activité antioxydante s'était améliorée et les chercheurs ont observé une diminution des radicaux libres en circulation, de la peroxydation des lipides et de la détérioration de l'ADN. Dans le cadre d'une autre étude, des fumeurs à qui l'on avait administré de la curcumine ont affiché une réduction significative de la quantité de mutagènes excrétés par voie urinaire, ce qui indique que l'organisme avait été en mesure d'éliminer une plus grande quantité de composés cancérogènes grâce aux mécanismes de détoxication.

Certains bienfaits de la curcumine découlent de son action antioxydante, mais les effets suivants lui sont également attribués :

- Amélioration de la synthèse de composés anticancérogènes comme le glutathion.

- Stimulation de l'élimination des composés cancérogènes par le foie.

- Prévention de la surproduction de cyclo-oxygénase 2 (COX-2), enzyme qui, en excès, favoriserait l'apparition de tumeurs.

- Inhibition des enzymes qui favorisent la prolifération des cellules cancéreuses.

- Inhibition du facteur nucléaire kappa bêta (NF-kB) : il s'agit d'une protéine produite par de nombreuses cellules cancéreuses qui non seulement cause de l'inflammation, mais bloque aussi les signaux leur commandant de ralentir leur prolifération.

- Inhibition des sites récepteurs du facteur de croissance épidermique (EGF) : l'EGF stimule la prolifération des cellules en les connectant à un récepteur situé en surface. Environ les deux tiers de tous les cancers produisent ces récepteurs en abondance, ce qui les rend hautement sensibles à l'EGF. En réduisant le nombre de récepteurs d'EGF, la curcumine diminue la tendance des cellules à proliférer.

- Inhibition de l'angiogenèse : le facteur de croissance fibroblastique (FGF) est une protéine qui favorise la formation de nouveaux vaisseaux sanguins pour alimenter la croissance tumorale. La curcumine inhibe la production du FGF.

- Augmentation de l'expression de la protéine nucléaire p53 : cette protéine est essentielle à l'apoptose, le processus normal de « suicide » des cellules.

L'utilisation de la curcumine pour traiter le cancer devra faire l'objet d'autres études sur les humains, mais les résultats d'expériences et d'études cliniques préliminaires sont plutôt encourageants.

Faible absorption de la curcumine

La curcumine suscite certes beaucoup d'enthousiasme, mais il se pourrait que les résultats cliniques ne soient pas aussi impressionnants que ceux des études précliniques au moyen de cultures cellulaires et de modèles animaux, parce que la curcumine n'est pas facilement absorbée et, quand elle l'est, elle est vite métabolisée et éliminée par le corps humain. Même des doses de 12 g de curcumine en poudre n'ont pas suffi à augmenter significativement la concentration sanguine. Fort heureusement, il existe maintenant un nouveau produit à base de curcumine qui a résolu le problème de la faible biodisponibilité.

Theracurmin

Theracurmin est une préparation à base de curcumine entièrement naturelle, qui fait appel à des techniques de pointe pour réduire la taille des particules de curcumine afin d'en augmenter considérablement la solubilité. Une particule de Theracurmin mesure en moyenne 0,19 μm ; elle est donc une centaine de fois plus petite que les particules de la plupart des poudres de curcumine, dont la taille moyenne est d'environ 22,75 μm.

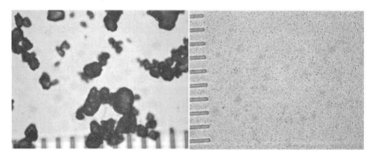

Figure 3. Micrographie électronique de la curcumine ordinaire (à gauche) et des particules de taille réduite de la curcumine contenue dans le complexe Theracurmin (à droite).

La poudre de curcumine de taille réduite est ensuite mélangée à de la gomme d'origine végétale (gomme ghatti) pour obtenir ce qu'il est convenu d'appeler une suspension colloïdale qui augmente de beaucoup la solubilité de la curcumine dans l'eau. Il en résulte une augmentation sans égal de l'assimilation de la curcumine, supérieure à tous les autres produits du commerce testés, y compris d'autres formes optimisées de curcumine. Des études réalisées sur des humains et des animaux ont révélé que, à dose égale, le complexe Theracurmin produit des concentrations sanguines pouvant être jusqu'à 300 fois plus élevées que la curcumine ordinaire et beaucoup plus élevées que tout autre extrait commercialisé.

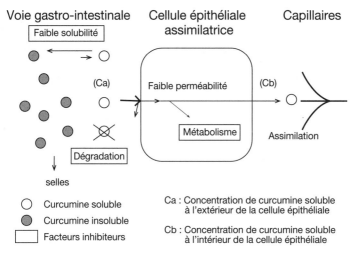

Figure 4. Illustration schématique de l'assimilation de la curcumine par la muqueuse intestinale. La solubilité de la curcumine est un facteur déterminant de son assimilation.

Le complexe Theracurmin augmente les bienfaits de la curcumine

Puisque le complexe Theracurmin améliore l'assimilation de la curcumine, tous les bienfaits associés à cette dernière sont par le fait même rehaussés. Ce composé a été l'objet de plusieurs études cliniques qui ont fait la preuve de ses résultats supérieurs. Plus particulièrement, Theracurmin a le pouvoir de réduire les lésions tissulaires causées par l'inflammation, d'améliorer le fonctionnement du foie, d'accroître l'efficacité de la fonction cardiaque, d'augmenter la souplesse des artères et d'améliorer la qualité de vie des patients atteints de cancer. Nous examinerons ci-après ces effets cliniques de manière plus approfondie.

Analyse poussée des effets anti-inflammatoires de la curcumine

La curcumine est une molécule pléiotrope, c'est-à-dire qu'elle produit une multitude d'effets. Cette caractéristique contraste nettement avec l'action spécifique habituelle de la plupart des médicaments. Par exemple, un coup d'œil au site d'action pharmacologique de médicaments comme l'ibuprofène, ou même l'aspirine, permet d'observer une capacité d'inhiber une enzyme clé intervenant dans la production de composés responsables de la douleur et de l'inflammation. En revanche, des études in vitro (en éprouvette) ont montré que la curcumine pouvait bloquer la formation ou l'action d'à peu près n'importe quel médiateur connu de l'inflammation. La figure 5 illustre le rôle central de la curcumine en tant qu'agent anti-inflammatoire. Les abréviations disposées en cercle correspondent aux différents médiateurs de l'inflammation que la curcumine est en mesure d'inhiber. La plupart des médicaments anti-inflammatoires n'ont d'effet que sur un ou parfois deux de ces médiateurs, tandis que la curcumine les combat tous.

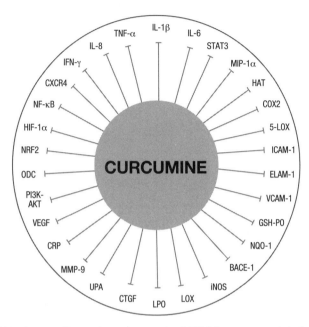

Inhibition des voies inflammatoires par la curcumine. BACE-1, bêta-sécrétase, principale enzyme en cause dans le clivage de la protéine amyloïde ; PCR, protéine C-réactive ; CTGF, facteur de croissance du tissu conjonctif ; ELAM-1, molécule d'adhésion des leucocytes présente sur les cellules endothéliales ; HAT, histone acétyle transférase ; HIF, facteur inductible par l'hypoxie ; MAIC, molécule-1 d'adhésion intracellulaire ; peroxydation lipidique ; MMP, métalloprotéase de matrice ; NF-κB, facteur nucléaire kappa-B ; ODC, ornithine décarboxylase ; protéine STAT (transducteur de signal et activateur de transcription) ; TNF, facteur de nécrose tumorale ; VCAM-1, molécule-1 d'adhésion des cellules vasculaires ; VEGF, facteur de croissance vasculaire endothélial.

Figure 5. Inhibition des voies inflammatoires par la curcumine.

Voici des faits encore plus étonnants. L'action anti-inflammatoire n'est qu'une caractéristique parmi bien d'autres de la curcumine, comme le montre le tableau 1 ci-contre. Le caractère pléiotrope de la curcumine est de nouveau évoqué parce qu'elle produit tellement d'effets. Cette molécule active est vraiment incroyable.

Table 1. Cibles moléculaires de la curcumine (↓ indique une régulation négative et ↑ une régulation positive).

Facteurs de transcription
Activation du facteur de transcription 3 ↓
Protéine activatrice 1 ↓
Bêta-caténine ↓
Protéine de liaison au CRE ↓
Protéine homologue CEBP ↓
Élément de réaction électrophile ↑
Gène-1 de réponse précoce à la croissance ↓
Facteur-1α inductible par l'hypoxie ↓
Facteur nucléaire κ-B ↓
Notch-1 ↓
Facteur connexe à l'extractif non azoté 2 ↑
p53 ↑
Récepteur y activé par les proliférateurs des peroxysomes ↑
Protéine de spécificité ↓
STAT-1 ↓
STAT-3 ↓
STAT-4 ↓
STAT-5 ↓
Gène-1 de la tumeur de Wilms ↓

Protéines kinases
Protéine kinase activée par autophosphorylation ↓
Ca2+, protéine kinase C dépendante du phospholipide ↓
Kinase N-terminal c-Jun ↓
Protéine kinase dépendante de l'adénosine-5-monophosphate ↓
Kinase associée au complexe CSN ↓
Kinase des récepteurs du facteur de croissance épidermique (EGF) ↓
Kinase des récepteurs extracellulaires ↓
Kinase de l'adhésion focale ↓
Kinase du récepteur IL-1 ↓

Médiateurs de l'inflammation
Protéine C-réactive ↓
Interleukine-1β ↓
Interleukine-2 ↓
Interleukine-5 ↓
Interleukine-6 ↓
Interleukine-8 ↓
Interleukine-12 ↓
Interleukine-18 ↓
Interféron-γ ↓
Synthase de l'oxyde nitrique inductible ↓
Enzyme 5-lipoxygénase ↓
Protéine de chimio-attraction des monocytes ↓
Protéine de l'inhibition de la migration ↓
Protéine inflammatoire macrophage 1α ↓
Antigène prostatique spécifique ↓

Enzymes
Acétylcholinestérase ↓
Aldose réductase ↓
Arylamine N-acétyltransférases-1 ↓
Enzyme-1 de type bêta qui opère le clivage de la protéine précurseur amyloïde ↓
CD13 ↓
ADN polymérase-I ↓
ADN topoisomérase-II ↓
GTPase (assemblage des microtubules) ↓
Glutathion-réductase ↓
Glutathion-peroxydase ↓
Glutathion S-transférase ↑
Hème oxygénase-1 ↑
ATPase dépendante du Ca2+ ↓
Inosine monophosphate déhydrogénase ↓
17β-HSD3 ↓
Ornithine décarboxylase ↓
Monoamine oxydase ↓

Protéines kinases suite
Kinase IκB ↓
Kinase Janus ↓
Protéine kinase activée par un mitogène ↓
Tyrosine kinase pp60c-src ↓
Phosphorylase kinase ↓
Protéine kinase A ↓
PI3K-Akt ↓
Protamine kinase ↓

Facteurs de croissance
Facteur de croissance du tissu conjonctif ↓
Facteur de croissance épidermique ↓
Facteur de croissance des fibroblastes ↓
HER2 ↓
Facteur de croissance des hépatocytes ↓
Facteur de croissance dérivé des plaquettes ↓
Facteur tissulaire ↓
Facteur de croissance transformant-β1 ↓

Récepteurs
Récepteur des androgènes ↓
Récepteur aryl-hydrocarbone ↓
Récepteur de mort-5 ↓
Récepteur de l'EGF ↓
Récepteur endothélial de la protéine C ↓
Récepteur-α d'œstrogène↓
SAF ↑
Récepteur H2 de l'histamine ↓
Récepteur de l'interleukine-8 ↓
Récepteur de l'inositol 1,4,5-triphosphate ↓
Récepteur de l'intégrine ↓
Récepteur des lipoprotéines de basse densité ↑
Récepteur de transferrine-1 ↓

Protéines régulatrices du cycle cellulaire
Cycline D1 ↓
Cycline↓
c-Myc ↓
p21 ↓

Enzymes suite
NADPH : quinone oxido-réductase-1 ↓
Phospholipase D ↓
Thiorédoxine réductase-1 ↓
Télomérase ↓
Ubiquitine-isopeptidase ↓

Protéines associées à la résistance aux médicaments
Protéine-1 associée à la résistance polymédicamenteuse↓
Protéine-2 associée à la résistance polymédicamenteuse↓

Molécules d'adhésion
Molécule-1 d'adhésion intracellulaire ↓
Molécule-1 d'adhésion des leucocytes présente sur les cellules endothéliales ↓
Molécule-1 d'adhésion des cellules vasculaires↓

Protéines associées à la survie cellulaire
Protéine-xL associée au lymphome à cellules B ↓
Protéine inhibitrice de FLICE (forme cellulaire) ↓
Protéine inhibitrice de l'apoptose ↓
Protéine inhibitrice de l'apoptose liée au chromosome X ↓

Biomarqueurs de l'envahissement et de l'angiogenèse
Matrice métalloprotéinase-9 ↓
Activateur du plasminogène de type urokinase↓
Facteur de croissance vasculaire endothélial ↓

Autres
Protéine de liaison d'éléments-AMP cyclique répondante ↓
Sous-unité 40-kD du facteur de fragmentation de l'ADN ↑
Fibrinogène ↓
Ferritine H et L ↓

17 β-hydroxystéroïde déhydrogénase 3 ; virus oncogènes cellulaires homologues Akt, AKτ8 ; précurseur de la protéine amyloïde ou APP ; adénosine triphosphate (Atp) ; adénosine monophosphate cyclique (cAMp) ; groupe de différentiation (Cd) ; signalosomes Csn, COp9 ; facteur de croissance épidermique (EgF) ; enzyme de conversion de l'interleukine-1B, semblable à la protéine de FLICE ou à l'adaptateur FADD ; guanosine triphosphate (gtp) ; récepteur de l'EGF humain 2 ; protéine inhibitrice de l'apoptose ; interleukine ; nicotinamide adénine dinucléotide phosphate (NADP) ; facteur nucléaire érythroïde 2 ; phosphoinositide 3-kinase (pi3K) ; protéine STAT (transducteur de signal et activateur de transcription).

Les propriétés actives de la curcumine sont bien particulières. C'est la raison pour laquelle les chercheurs l'étudient aussi intensément. Il est extrêmement intéressant de se pencher sur l'ensemble de ses effets. Par exemple, nous constatons que la curcumine peut moduler les différentes molécules de signalisation et que cela peut provoquer une régulation positive ou négative selon la cible moléculaire, le type de cellules ou le contexte cellulaire. L'effet global est de produire une réduction harmonieuse de l'inflammation et de la croissance incontrôlée des cellules caractéristique du cancer. De plus, comme l'inflammation est la réponse physiologique de base à toute lésion cellulaire, les effets curatifs potentiels de la curcumine sont incroyables.

J'adore cette citation de Giovanni Appendino, un chercheur qui s'intéresse de très près à la curcumine : « *Le cari est pour la cuisine indienne ce que la curcumine pourrait être pour la médecine.* »

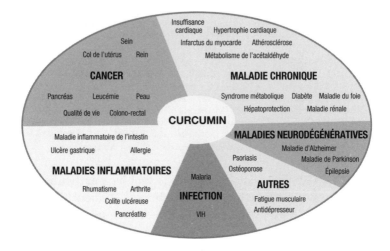

Figure 6. Les indications possibles de la curcumine, basées sur des données précliniques et de nouvelles données cliniques.

La curcumine inhibe le facteur nucléaire kappa bêta (NF-kB)

L'une des plus importantes propriétés actives de la curcumine consiste à inhiber la formation du NF-kappaB (facteur nucléaire à chaîne légère kappa stimulateur des cellules B activées). Ce complexe de protéines contrôle la transcription de l'ADN dans la production des facteurs qui favorisent l'inflammation et la propagation du cancer. Le NF-kappaB est activé par un certain nombre de facteurs, y compris le stress, l'inflammation et l'infection. La surproduction de NF-kappaB a été associée au cancer, aux maladies inflammatoires, aux maladies auto-immunes (comme la polyarthrite rhumatoïde et la sclérose en plaques), aux maladies neurodégénératives comme l'Alzheimer et le Parkinson et aux infections virales chroniques. L'activation prolongée du NF-kappaB accroît le risque d'insuffisance cardiaque en déclenchant des signaux qui activent la sécrétion de cytokines, elles-mêmes à l'origine de problèmes d'inflammation chronique. En raison de son effet inhibiteur sur le NF-kappaB, la curcumine pourrait éventuellement jouer un rôle de premier plan dans le traitement de toutes ces maladies.

La curcumine, le diabète de type 2 et la résistance à l'insuline

Des études préliminaires attribuent à la curcumine des propriétés qui favorisent la perte de poids et atténuent la gravité de troubles liés à l'obésité, notamment le diabète de type 2. Un lien a été établi entre l'obésité et l'inflammation métabolique chronique peu sévère. Plusieurs études ont montré que la curcumine agit directement sur les cellules adipeuses, contribuant ainsi à la suppression de l'inflammation chronique. Une fois de plus, cet effet bénéfique est rattaché à sa capacité d'inhiber l'activation du NF-kappaB. Cependant, la curcumine réduit aussi la sécrétion d'adipokines, des hormones présentes dans les cellules adipeuses qui favoriseraient l'inflammation.

Des études menées sur des animaux ont révélé que l'ajout de curcumine à un régime riche en matières grasses n'avait pas d'effet sur la consommation d'aliments, mais réduisait le gain pondéral et le pourcentage de masse grasse, ce qui donne à penser que la curcumine pourrait aider certaines personnes à atteindre leurs objectifs de perte de poids.

Dans le cadre d'autres études, également réalisées sur des animaux, les effets positifs suivants ont été attribués à la curcumine : amélioration de l'action de l'insuline, abaissement de la glycémie chez les animaux diabétiques et prévention de la progression de la résistance à l'insuline et du diabète de type 2 chez des rats élevés tout spécialement pour contracter le diabète.

La curcumine et les maladies d'Alzheimer et de Parkinson

Il y a abondance de preuves expérimentales que la curcumine protège contre les lésions cérébrales liées au vieillissement et contre la maladie d'Alzheimer en particulier. Lors d'études réalisées en éprouvette et sur des animaux, la curcumine a inhibé la formation de protéines bêta-amyloïdes et a eu d'autres effets bénéfiques chez les sujets atteints d'Alzheimer et de Parkinson. Malheureusement, les essais cliniques menés à ce jour sur la maladie d'Alzheimer ne sont pas parvenus à prouver l'existence de quelque bienfait que ce soit. Cet échec serait cependant attribuable à la faible capacité d'absorption de la curcumine utilisée au cours des essais. Une étude à double insu des effets du complexe Theracurmin chez des patients souffrant d'Alzheimer est en cours à l'Université de Californie à Los Angeles (UCLA).

Les effets antidépresseurs de la curcumine

Dans différents modèles animaux, d'importants effets antidépresseurs ont été attribués à la curcumine. Ce bienfait résulterait d'une combinaison d'effets, y compris la normalisation des perturbations hormonales, la réduction de l'inflammation, la protection contre le stress oxydatif et une contribution à la diminution de l'hyperperméabilité intestinale (le syndrome de l'intestin perméable), autant de facteurs sous-jacents de la dépression clinique.

L'avantage de Theracurmin

La curcumine est manifestement une molécule intéressante et unique en son genre, ce qui explique pourquoi tant de chercheurs, partout dans le monde, déploient autant d'efforts pour en comprendre l'action. Avec la venue de Theracurmin, ces chercheurs ont enfin une forme de curcumine qui leur permettra d'obtenir des concentrations semblables à celles qui se sont révélées efficaces lors d'études précliniques.

Recommandations additionnelles pour la réduction de l'inflammation silencieuse

L'inflammation est une réaction conçue pour protéger l'organisme après une blessure ou une infection. Le mot vient du latin *inflammare*, qui signifie mettre en feu. La réponse classique à une blessure ou une infection est une rougeur de la région affectée, qui enfle et devient chaude et douloureuse. Cependant, il existe un autre genre d'inflammation, moins manifeste, qualifiée d'inflammation silencieuse. Elle traduit une stimulation sous-jacente à évolution lente du processus inflammatoire, sans symptôme externe. Le seul moyen de la déceler est de vérifier le taux des marqueurs de l'inflammation dans le sang comme la protéine C-réactive (expliquée en détail plus loin). L'inflammation silencieuse est un important facteur de l'apparition de presque toutes les maladies chroniques dégénératives, y compris les maladies cardiovasculaires, les allergies, le diabète de type 2, le cancer et la maladie d'Alzheimer.

La curcumine est très prometteuse pour la prévention de ces états, en raison de son action anti-inflammatoire ; toutefois, on devrait aussi faire entrer en ligne de compte certains facteurs liés à l'alimentation et au style de vie. Ainsi, les plus importants facteurs qui contribuent à l'inflammation silencieuse en Amérique du Nord sont l'insulinorésistance, l'obésité, un faible apport en antioxydants et le déséquilibre des graisses alimentaires. Ces facteurs sont brièvement expliqués ci-après.

Marqueurs de l'inflammation

L'épreuve la plus souvent utilisée pour mesurer l'inflammation silencieuse est l'analyse sanguine servant à dépister la protéine C-réactive (CRP). Techniquement la CRP est classée comme une protéine de phase aiguë dont le rôle physiologique est de se lier à la surface des cellules mortes ou moribondes (et à certains types de bactéries) afin d'activer un système d'autres protéines sanguines (qualifié de système complémentaire) qui contribue à détruire les cellules endommagées, les bactéries ou d'autres matières particulaires.

En cas d'infection aiguë ou de blessure, le taux de CRP augmente rapidement dans les deux heures qui suivent et atteint un sommet en 48 heures. Si l'inflammation aiguë est traitée efficacement, le taux de CRP diminue rapidement. Cependant, étant donné que les affections qui entraînent une hausse de la production de CRP sont nombreuses, un taux élevé de CRP ne dénote pas une maladie particulière, mais il indique l'ampleur de l'inflammation dans l'organisme. Une élévation rapide du taux de CRP pouvant atteindre 50 000 fois la valeur normale de 1 mg/L peut se produire en cas d'inflammation, d'infection, de trauma et de nécrose des tissus, de malignité et de troubles auto-immuns comme l'arthrite rhumatoïde.

L'intérêt manifesté pour la mesure du taux de CRP comme marqueur de l'inflammation silencieuse résulte d'importantes recherches révélant qu'il s'agit d'un marqueur très sensible pour la prévision des maladies cardiovasculaires. De fait, de tous les marqueurs actuels de l'inflammation, le taux de CRP est celui qui fournit les renseignements les plus concluants en pratique clinique, en ce qui concerne les risques cardiovasculaires. Les résultats sont généralement divisés en trois différentes catégories de risque : faible (<1 mg/L), moyen (1–3 mg/L) et élevé (>3 mg/L).

Les patients dont le taux de CRP est élevé sont plus susceptibles d'avoir un AVC, une crise cardiaque et une forme grave de maladie vasculaire périphérique.

Les études montrent également qu'un taux élevé de CRP est lié au diabète, à certaines formes de cancer, à l'Alzheimer et à de nombreuses autres maladies chroniques dégénératives. Bien qu'il y ait d'autres méthodes candidates d'évaluation de l'inflammation silencieuse, il reste que la mesure du taux de CRP demeure la mieux reconnue. La meilleure méthode utilisée est le dosage ultrasensible, car elle donne des résultats en 25 minutes avec une sensibilité à 0,04 mg/L près.

Facteurs additionnels contribuant à l'apaisement de l'inflammation silencieuse

Le plus grand facteur de contribution à l'inflammation silencieuse est l'apparition de l'insulinorésistance, une diminution de la sensibilité ou de la réponse des tissus corporels à l'insuline, qui entraîne une élévation de la glycémie et une hausse du stress oxydatif (radicaux libres). L'insulinorésistance résulte en grande partie d'une augmentation de l'obésité abdominale et d'une consommation excessive de calories, en particulier sous forme de glucides. En fait, l'obésité abdominale est le plus fort paramètre de prédiction de l'inflammation silencieuse et des taux de CRP. Si votre taille est plus large que vos hanches, vous souffrez vraisemblablement d'insulinorésistance.

La première étape de la réduction de l'inflammation silencieuse chez les personnes en surpoids ou obèses est la perte de poids. Lorsque l'on mesure l'inflammation silencieuse, le taux de CRP correspond généralement à la sensibilité à l'insuline : si celle-ci est bonne, le taux de CRP est beaucoup plus bas que si la sensibilité à l'insuline est faible. Il est donc peu surprenant de savoir que chez les diabétiques, le taux de CRP est généralement élevé.

Outre la perte de poids, un régime faible en glucides raffinés et en féculents qui peuvent provoquer une hausse de glycémie (c.-à-d. une alimentation à faible charge glycémique) est essentiel pour réduire l'inflammation silencieuse. Les repas qui ont une lourde charge glycémique augmentent le taux de CRP et d'autres marqueurs de l'inflammation. Par exemple, dans le cadre d'une étude menée auprès de 200 femmes apparemment en santé, on a constaté que la charge glycémique était associée de manière positive et importante au taux de CRP. Autrement dit, plus l'alimentation était riche en aliments qui élèvent la glycémie, plus le taux de CRP était élevé.

La diète méditerranéenne

La diète méditerranéenne correspond aux habitudes alimentaires des populations de certaines régions entourant la Méditerranée, au début des années 1960, telles que la Crête, certaines parties du reste de la Grèce et le sud de l'Italie. La diète méditerranéenne traditionnelle s'est révélée extrêmement avantageuse pour lutter contre les maladies du cœur et le cancer, de même que le diabète. En voici les caractéristiques :

- L'huile d'olive est la principale source de gras.
- Elle s'articule autour d'une abondance d'aliments végétaux, soit fruits, légumes, pains, pâtes, pommes de terre, légumineuses, noix et graines.
- Les aliments sont peu transformés et l'accent est mis sur la consommation en saison, d'aliments frais cultivés localement.
- Les fruits frais constituent le dessert quotidien type, les sucreries contenant des sucres concentrés ou du miel étant consommés quelques fois par semaine tout au plus.
- Les produits laitiers, principalement le fromage et le yogourt, sont consommés chaque jour en quantité faible à modérée, avec une faible teneur en gras.
- La consommation de poisson est régulière.
- La volaille et les œufs sont consommés en quantité modérée, une à quatre fois par semaine, parfois pas du tout.
- La quantité de viande rouge consommée est limitée et peu fréquente.
- Le vin est consommé en quantité faible à modérée, normalement au repas.

En plus d'un régime peu glycémique, la diète méditerranéenne contribue à abaisser le taux de CRP. Enfin, une
alimentation riche en pigments végétaux, surtout des
flavonoïdes, présents par exemple dans le soja, les pommes,
les petits fruits et d'autres fruits et légumes, est aussi associée
à un faible taux de CRP.

PGX^{MD} améliore la sensibilité à l'insuline

PGX (abréviation de PolyGlycopleX^{MD}) est une matrice de
fibres unique et entièrement nouvelle. L'efficacité des fibres,
quelles qu'elles soient, pour la réduction de l'appétit, la
glycémie et le cholestérol repose directement sur la quantité
d'eau que la fibre peut absorber (solubilité) et l'épaisseur ou
le degré de viscosité que produisent les fibres dans l'estomac
et l'intestin. Par exemple, les caractéristiques de solubilité
dans l'eau et de viscosité font en sorte que le son d'avoine
abaisse le cholestérol et régularise mieux la glycémie, à dose
équivalente, que le son de blé. Sachant cela, les chercheurs
ont voulu déterminer et isoler les fibres alimentaires ayant
la plus grande viscosité et le plus grand pouvoir d'absorption
de l'eau en vue de les rendre disponibles sous forme
d'ingrédients alimentaires ou de suppléments nutritionnels.

Au moyen d'un procédé d'avant-garde, les fibres naturelles
sont transformées pour faire de PGX le produit de fibres le
plus soluble et le plus épais jamais découvert. Ainsi, tous les
bienfaits des fibres alimentaires solubles pour la santé – y
compris la stabilisation de la glycémie – sont multipliés par
un facteur considérable avec PGX. Une analyse détaillée
a montré que PGX produisait une plus grande viscosité,
avait de meilleures propriétés gélifiantes et pouvait gonfler

davantage dans l'eau que la même quantité de toute autre fibre individuelle.

La matrice de PGX peut se lier à une quantité d'eau représentant des centaines de fois son poids, ce qui donne un volume et une viscosité de 3 à 5 fois supérieure à ceux de toute autre fibre hautement soluble, comme le psyllium ou le bêta-glucane d'avoine. Pour bien mettre les choses en contexte, cela signifie qu'une petite portion de 5 g de PGX, dans un substitut de repas ou séparément, produit un volume et une viscosité équivalents à quatre bols de son d'avoine. De petites quantités de PGX ajoutées à des aliments ou prises dans une boisson avant les repas peuvent avoir un effet sur l'appétit et la régulation de la glycémie comparable à un apport de quantités énormes et à peu près impossibles à consommer de toute autre forme de fibres.

Des études cliniques dont les résultats détaillés ont été publiés dans d'importantes revues médicales et présentés au cours de certaines des grandes conférences mondiales sur le diabète montrent que PGX procure les bienfaits suivants :

- Il stabilise la glycémie chez les personnes obèses ou en surpoids.

- Il réduit l'appétit et facilite la perte de poids, même chez les personnes aux prises avec une obésité morbide.

- Il augmente le taux de composés qui restreignent l'appétit dans l'organisme et favorise une sensation de satiété.

- Il diminue la concentration de composés qui stimulent la surconsommation.

- Il réduit la glycémie postprandiale s'il est pris en même temps que des aliments ou ajouté à ceux-ci.

- Il réduit l'indice glycémique de tout aliment ou boisson.

- Il augmente la sensibilité à l'insuline et diminue l'insulinémie.

- Il facilite la maîtrise du diabète et réduit radicalement les besoins de médicaments ou d'insuline pour les diabétiques.

- Il abaisse les taux de cholestérol et de triglycérides dans le sang.

Comment prendre PGX

PGX agit mieux s'il est pris parallèlement à une alimentation à faible indice glycémique et à de l'exercice. La dose dépend des besoins. Si vous n'avez pas à perdre de poids et souhaitez simplement tirer parti de la capacité de PGX de stabiliser la glycémie, il suffit de prendre simplement de 750 à 1 500 mg avant les repas.

Toutefois, si vous voulez perdre du poids, il faut prendre alors au moins de 2 500 à 5 000 mg avant les repas (commencez par 750 à 1 000 mg et augmentez graduellement jusqu'à la pleine dose sur une période de deux semaines).

PGX est offert sous différentes formes : en gélules, en granules à ajouter aux aliments et aux boissons, en mélange pour boisson constituant un substitut de repas contenant des protéines de lactosérum dénaturées et des vitamines et minéraux (SlimStylesMD), de même qu'en poudre de protéines de lactosérum ou de protéines végétaliennes et en barres (SatisfastMD). Quelle que soit la forme que vous prenez, assurez-vous simplement d'obtenir la dose requise de PGX avant chaque repas. Pour la perte de poids, j'aime bien conseiller de prendre une autre dose de PGX à peu près une heure après le souper afin de réduire l'envie de grignoter le soir. Il est important de boire 250 ml (8 oz) d'eau par dose de 2 500 mg. Pour bien des gens, la meilleure façon d'utiliser PGX consiste à prendre des gélules de 5 à 15 minutes avant les repas avec un verre d'eau.

Des études détaillées menées auprès d'humains et d'animaux révèlent que PGX est sûr et bien toléré. Il n'a pas d'interaction particulière avec des médicaments, mais il vaut mieux prendre ces derniers une heure avant ou après PGX. Pour renseignements, consultez **www.pgx.com**.

Acides gras oméga-3 et oméga-6

Le rapport d'acides gras oméga-6 et oméga-3 est un facteur important de la détermination de l'inflammation silencieuse et des taux de CRP. Les habitudes alimentaires occidentales favorisent l'inflammation parce qu'elles sont particulièrement riches en sources d'acide linoléique (AL), un acide gras oméga-6, et faibles en sources d'acides gras oméga-3 à chaîne courte (AAL) et à chaîne longue (AEP et ADH). On a pu constater, depuis 150 ans, une hausse radicale de la consommation d'oméga-6 et une réduction considérable des aliments riches en oméga-3. Par conséquent, le rapport oméga-6/oméga-3 de l'alimentation occidentale se situe entre 15:1 et 20:1, ce qui est loin du rapport 1:1 consommé par les humains pendant des millénaires.

Les acides gras oméga-6 et oméga-3 sont utilisés par le corps comme éléments constitutifs des médiateurs de l'inflammation. Il est un peu simpliste, mais tout de même assez juste, de dire que la plupart des médiateurs formés à partir des acides gras oméga-3 sont anti-inflammatoires, tandis que ceux qui sont issus des oméga-6 sont pro-inflammatoires. L'acide arachidonique (AA) est un acide gras oméga-6 particulièrement pro-inflammatoire présent dans les aliments d'origine animale, mais qui peut aussi être formé à partir de l'AL. Pour lutter contre l'inflammation, il est donc avisé d'éliminer toutes les sources courantes d'AL comme les huiles de soja, de carthame, de tournesol et de maïs. En conclusion, les recherches sont très claires : afin de réduire l'inflammation, il faut réduire l'apport en acides gras oméga-6 et augmenter l'apport en oméga-3. En fin de compte, l'objectif est d'améliorer la composition et la fonction des membranes cellulaires. Pour ce faire, il faut suivre les lignes directrices alimentaires suivantes :

- Il faut porter une attention particulière à la teneur en lipides des aliments. Limitez l'apport alimentaire total en lipides à un maximum de 30 % des calories consommées (400 à 600 calories par jour de lipides pour un régime de 2 000 calories par jour). Réduisez la quantité de lipides et de lipides totaux de l'alimentation. En général, la teneur en lipides des produits animaux est plutôt forte, tandis que celle de la plupart des aliments d'origine végétale est faible. Même si les noix et les graines sont relativement riches en lipides, les calories qu'elles fournissent proviennent principalement de gras non saturés.

- Réduisez la consommation de viande et de produits laitiers d'animaux nourris au maïs, tout en augmentant la consommation de poisson. Les poissons d'eau froide sont à privilégier, par exemple le saumon sauvage, le maquereau, le hareng et le flétan, car ils contiennent de fortes concentrations d'acides gras oméga-3.

- Cuisez les aliments avec de l'huile d'olive, de canola ou de macadamia. Utilisez de l'huile de lin ou de l'huile d'olive comme base des vinaigrettes.

- Éliminez la margarine et autres aliments contenant des acides gras trans et des huiles partiellement hydrogénées.

- Prenez un supplément d'huile de poisson de haute qualité procurant au moins 3 000 mg d'AEP/ADH.

L'exercice et l'activité physique

L'activité physique est étroitement liée à l'inflammation d'une manière très complexe. Elle ne semble pas avoir d'effet sur la CRP, mais elle en a sur d'autres marqueurs de l'inflammation silencieuse, comme ces composés appelés interleukine. Une activité physique régulière, modérée, réduit le niveau d'inflammation silencieuse, tandis qu'un entraînement à haute intensité pendant une période prolongée l'augmente.

Suppléments nutritionnels favorables à la diminution de l'inflammation silencieuse

Je fais trois recommandations principales pour aider les gens à concevoir le fondement de leur programme de supplémentation nutritionnelle : prenez une multivitamine avec minéraux de haute qualité, prenez des antioxydants d'origine végétale, comme des extraits riches en flavonoïdes (p. ex., un extrait d'écorce de pin ou de pépins de raisin à raison de 100 à 300 mg par jour), et prenez un produit d'huile de poisson de haute qualité procurant entre 1 000 et 3 000 mg d'AEP/ADH par jour.

En ce qui concerne la réduction du taux de CRP, mes recommandations particulières consistent, en plus de Theracurmin (300 mg, deux fois par jour), à prendre 3 000 mg par jour d'AEP/ADH issus d'huile de poisson et des extraits riches en flavonoïdes d'écorce de pin ou de pépins de raisin, car les études cliniques ont démontré leurs effets anti-inflammatoires et leur capacité d'abaisser le taux de CRP. Theracurmin peut aider à abaisser le taux de CRP dans les cas qui ne répondent pas à un régime alimentaire et aux lignes directrices générales concernant la supplémentation.

Synopsis d'études cliniques choisies concernant Theracurmin

L'essence même de tout produit naturel durable est la recherche clinique. Le matraquage publicitaire et la commercialisation ont leurs limites ; c'est la science qui alimente la circulation des produits les plus vendus dans les magasins de produits de santé naturels. Si Theracurmin est salué comme une percée scientifique majeure et un produit révolutionnaire, c'est en raison des résultats des études cliniques à son sujet. Ce qui est encore plus intéressant, c'est que plus d'une douzaine d'autres études seront bientôt publiées.

Le tableau qui suit résume les études cliniques réalisées jusqu'à maintenant avec Theracurmin. Le reste du chapitre présente certains des résultats cliniques.

Table 2. Études cliniques menées avec Theracurmin jusqu'en juillet 2014.

DOMAINE DE RECHERCHE	OBJECTIF	POSOLOGIE (teneur en curcumine sous forme de Theracurmin)	RÉSULTATS
MÉTABOLISME DE L'ALCOOL	Examiner les effets de Theracurmin sur le métabolisme de l'alcool et le taux d'acétaldéhyde. Des taux élevés d'acétaldéhyde dans le sang sont associés aux effets nocifs de l'alcool.	30 mg	A produit une baisse de 30 % du taux d'acétaldéhyde dans le sang en 30 minutes.
SANTÉ DU FOIE	Examiner les effets protecteurs de Theracurmin contre les lésions du foie chez des sujets en santé.	90 mg deux fois par jour	A produit une baisse de 12 à 16 % des enzymes du foie en quatre semaines.
SANTÉ DE LA PEAU	Examiner les effets protecteurs de Theracurmin contre les lésions cutanées et le vieillissement de la peau.	30 mg deux fois par jour	A produit une hausse du taux d'hydratation de la peau de 15 % en quatre semaines.
SANTÉ PARODONTALE	Examiner les effets de Theracurmin chez les patients souffrant d'une parodontopathie.	90 mg deux fois par jour	A réduit de près de 1 mm la profondeur des poches parodontales.
SANTÉ MUSCULAIRE	Examiner les effets de Theracurmin sur l'inflammation causée par l'effort, une des principales causes de sensibilité et de fatigue après l'exercice.	150 mg par jour	A produit une diminution de 40 à 75 % des 3 principaux marqueurs de réponse inflammatoire en 48 à 72 heures. A amélioré significativement la force musculaire après récupération d'un effort intense.

DOMAINE DE RECHERCHE	OBJECTIF	POSOLOGIE (teneur en curcumine sous forme de Theracurmin)	RÉSULTATS
SANTÉ ARTICULAIRE	Examiner les effets de Theracurmin sur la santé articulaire et la cote de douleur chez les patients souffrant d'arthrose.	180 mg par jour	A réduit significativement la cote de douleur et les besoins d'analgésiques.
SANTÉ VASCULAIRE	Examiner les effets de Theracurmin sur l'élasticité des artères et la circulation sanguine.	30 mg deux fois par jour	A produit une amélioration significative de la circulation artérielle et un accroissement de l'élasticité des parois artérielles.
SANTÉ CARDIAQUE	Examiner les effets de Theracurmin chez les patients souffrant d'insuffisance cardiaque.	30 mg deux fois par jour	A accru de 7,5 % le volume sanguin pompé à chaque battement de cœur sur six mois. A réduit la taille du ventricule gauche de 10 %.
QUALITÉ DE VIE DE PATIENTS CANCÉREUX	Examiner les effets de Theracurmin sur les cotes de qualité de vie de patients atteints d'un cancer avancé du pancréas.	200 ou 400 mg par jour	A amélioré de façon significative les principales cotes de qualité de vie, comme la fatigue, l'amélioration fonctionnelle (fonctions émotives, cognitives, physiques et sociales), la diarrhée et la perte d'appétit.

Theracurmin améliore le métabolisme de l'alcool

La première étape de l'élimination de l'alcool (éthanol) du corps se passe dans le foie où l'enzyme alcool déshydrogénase (ADH) le convertit en acétaldéhyde. À son tour, celui-ci est converti par une autre enzyme, l'ALDH (aldéhyde déshydrogénase), en acide acétique qui est alors utilisé pour produire de l'énergie ou converti en acides gras à chaîne longue. L'acétaldéhyde produit par le métabolisme de l'éthanol serait à l'origine d'un bon nombre des effets nocifs de la consommation d'alcool, de la sensation de « gueule de bois » et du processus d'accoutumance lui-même. Selon les études, la curcumine favoriserait l'élimination de l'alcool et de l'acétaldéhyde du corps. Au cours d'un essai ouvert croisé, sept sujets ont bu 0,5 ml d'alcool par kilo de poids corporel après avoir pris soit 30 mg de curcumine sous forme de Theracurmin, soit rien du tout. Les résultats montrent que Theracurmin a eu un effet significatif sur la baisse d'acétaldéhyde.

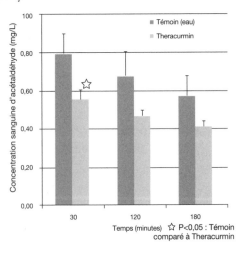

Figure 7. Changement de concentration sanguine d'acétaldéhyde avec Theracurmin.

Theracurmin protège le foie

Le foie est un organe complexe qui intervient de façon importante dans la plupart des processus métaboliques, notamment celui de la détoxication. Il est constamment assailli par des produits chimiques toxiques, aussi bien ceux qui sont produits à l'interne que ceux qui viennent de l'environnement. Les processus métaboliques qui assurent le bon fonctionnement du corps engendrent tout un éventail de toxines pour lesquelles le foie a développé des mécanismes de neutralisation efficaces. Un bon nombre des produits chimiques toxiques dont le foie doit se débarrasser proviennent de l'environnement : le contenu de nos selles, les aliments que nous consommons, l'eau que nous buvons et l'air que nous respirons. Si le foie est surchargé, il laisse fuir des enzymes dans le sang. La mesure de ces enzymes dans le sang, comme la SGOT, la GPT et la gamma-GTP, donnent une indication de toxicité importante du foie. Chez les sujets en santé, Theracurmin, à raison de 90 mg de curcumine, deux fois par jour, a permis de réduire de 12 à 16 % les enzymes du foie au cours d'un essai de quatre semaines.

Theracurmin améliore l'hydratation de la peau

Les dommages causés par les radicaux libres figurent parmi les facteurs qui contribuent à l'incapacité de la peau de conserver son hydratation. Le vieillissement normal et l'exposition aux éléments – soleil, vent et pollution – ont aussi leur rôle à jouer, mais l'exposition aux radicaux libres internes en est aussi une cause importante. Tous ces facteurs mènent à l'activation de NF-kappaB qui entraîne le fonctionnement anormal des cellules cutanées et la dégradation des structures de collagène qui soutiennent la peau et retiennent l'hydratation. Au cours d'une étude à laquelle ont participé des femmes en santé, celles qui ont reçu de la curcumine à raison de 30 et de 90 mg sous forme de Theracurmin, deux fois par jour, affichaient une hausse moyenne de 15 % de l'hydratation de la peau par rapport au point de référence. En outre, on a noté des améliorations importantes des taches de vieillesse, des rides et des pores sur la peau du visage.

Theracurmin et l'amélioration de la santé parodontale

Les maladies parodontales désignent de façon générale tout état inflammatoire des gencives (gingivite) et des structures de soutien (parodontite). Elles sont très courantes et leur fréquence augmente avec l'âge. Le taux de maladies parodontales est d'environ 15 % à 10 ans, 38 % à 20 ans, 46 % à 35 ans et 54 % à 50 ans.

Au cours d'un essai aléatoire contrôlé à double insu, 50 patients souffrant d'une parodontopathie (profondeur de la poche parodontale >4 mm) ont reçu 3 capsules, deux fois par jour, de Theracurmin ou d'un placebo pendant un mois.

Theracurmin a donné lieu à une amélioration de la profondeur des poches parodontales de près de 1 mm, tandis que le placebo a eu peu d'effet. Les chercheurs ont attribué cette amélioration aux effets anti-inflammatoires et immunostimulants de la curcumine.

Theracurmin réduit le stress oxydatif provoqué par l'effort

L'exercice a de nombreux effets bénéfiques ; toutefois, il peut aussi entraîner une augmentation des dérivés réactifs de l'oxygène (DRO) qui risquent d'endommager l'ADN, les protéines et les lipides. L'exercice peut augmenter de 200 fois l'utilisation d'oxygène par rapport au niveau enregistré au repos et provoque la production d'une quantité considérable de DRO. On constate un lien étroit entre le stress oxydatif et la fatigue, ainsi que les dommages musculaires, qui peuvent avoir des effets non seulement sur la performance à l'effort, mais aussi sur la santé cellulaire.

Dans le cadre d'une étude menée par le département des sciences sportives de l'université Waseda au Japon, la curcumine, sous forme de Theracurmin, a réduit le stress oxydatif et accru le pouvoir antioxydant en réponse à un exercice d'endurance intense chez des humains. Au cours de l'étude, 10 jeunes hommes dans la vingtaine ont suivi trois protocoles de supplémentation en curcumine administrée au hasard : placebo (témoin), une seule dose (seulement avant l'exercice) et une double dose (avant et tout de suite après l'exercice). Chaque participant a pris 90 mg de curcumine (à partir de 900 mg de Theracurmin) ou le placebo, deux heures avant l'exercice et tout de suite après.

Chaque participant a marché ou couru sur un tapis roulant pendant 60 minutes. Des échantillons de sang ont été prélevés avant l'exercice, immédiatement après et deux heures par la suite. Les concentrations sériques de dérivés de métabolites réactifs de l'oxygène, mesurées immédiatement après l'effort, étaient beaucoup plus élevées qu'avant l'exercice dans l'essai avec placebo, mais pas au cours des essais simples ou doubles. Les concentrations sériques du potentiel antioxydant biologique mesurées immédiatement après l'effort étaient beaucoup plus élevées au cours des essais de supplémentation simple ou double que les valeurs d'avant l'exercice.

Ces conclusions montrent que la supplémentation en curcumine peut réduire le stress oxydatif provoqué par l'effort en augmentant la capacité antioxydante. Des mesures de la curcumine dans le sang ont une fois encore indiqué une excellente assimilation avec Theracurmin et une relation dose-effet claire, puisque les concentrations plasmatiques de curcumine deux heures après l'exercice étaient beaucoup plus élevées au cours de l'essai à double supplémentation en curcumine qu'au cours de l'essai simple.

Theracurmin soulage les douleurs de l'arthrose du genou

La forme la plus courante d'arthrose. Cette douloureuse affection est causée par la perte d'intégrité et de structure du cartilage articulaire. Le cartilage est une substance gélatineuse qui protège l'extrémité des articulations en absorbant les chocs. Quand le coussinet protecteur de cartilage commence à se dégrader, il s'ensuit de l'inflammation, de la douleur, une déformation et une réduction de l'ampleur du mouvement articulaire.

Lors d'une étude aléatoire contrôlée à double insu, 50 patients souffrant d'arthrose du genou ont reçu soit 90 mg de curcumine sous forme de Theracurmin deux fois par jour, soit un placebo, pendant huit semaines. Tous les patients étaient autorisés à prendre un médicament anti-inflammatoire non stéroïdien (Celebrex) au besoin, à leur discrétion.

Les patients qui ont pris Theracurmin ont connu une amélioration importante de la douleur selon l'échelle de mesure, mais le meilleur témoignage de l'efficacité de Theracurmin a certainement été la chute du nombre de patients qui ont pris un analgésique. Le nombre de patients du groupe témoin qui ont dû prendre un antidouleur était plus de deux fois supérieur à celui du groupe de Theracurmin.

Theracurmin produit des résultats intéressants au cours du premier volet d'une étude auprès de patients atteints de cancer du pancréas

Theracurmin a été administré à 16 patients souffrant d'un cancer avancé du pancréas qui ne répondaient pas à la chimiothérapie conventionnelle. Ce premier volet de l'étude visait à déterminer les paramètres d'innocuité et de dosage. Les patients n'ont subi aucun effet secondaire indésirable à des doses relativement élevées (200 mg par jour et 400 mg par jour de curcumine, représentant 2 000 et 4 000 mg de Theracurmin respectivement).

Theracurmin a produit d'importantes augmentations des concentrations sanguines de curcumine proportionnellement à la dose – plus celle-ci était élevée, plus grande était la hausse de curcumine dans le sang. Le taux médian de curcumine plasmatique deux heures après l'administration de Theracurmin (représentant le sommet) était de 324 ng/ml au niveau 1 (Theracurmin contenant 200 mg de curcumine) et de 440 ng/ml au niveau 2 (Theracurmin contenant 400 mg de curcumine).

Ces valeurs sont passablement plus élevées que les valeurs médianes (85 ng/ml) obtenues par les auteurs au cours d'une étude antérieure, réalisée avec 8 g de curcumine conventionnelle. La grande conclusion de cette étude a été que Theracurmin produisait une forte amélioration

des principales cotes de qualité de vie, comme la fatigue,
l'amélioration fonctionnelle (fonctions émotives, cognitives,
physiques et sociales), la diarrhée et la perte d'appétit.
De plus, le temps de survie médian était de 132 jours et
trois patients (21 %) ont survécu plus de 12 mois. Faut-il
le rappeler, ces patients ne répondaient pas au traitement
conventionnel du cancer et, à un stade aussi avancé, le cancer
est généralement considéré comme terminal, le temps moyen
de survie étant de moins de deux mois, de sorte que ces
résultats sont très prometteurs.

Foire aux questions

Qu'est-ce que la curcumine ?

La curcumine est le pigment jaune du curcuma *(Curcuma longa)* – principal ingrédient du cari. Elle semble appelée à jouer un rôle très important dans la promotion de la santé.

Qu'est-ce que le complexe Theracurmin ?

Le complexe Theracurmin est une préparation à base de curcumine entièrement naturelle, qui fait appel à des techniques de pointe pour réduire la taille des particules de curcumine afin d'en augmenter considérablement la solubilité. Des études menées sur des humains et des animaux ont révélé que, à dose égale, Theracurmin produit des concentrations sanguines jusqu'à 300 fois plus élevées que tout autre extrait commercialisé.

Theracurmin a-t-il été testé chez les humains ?

Oui. De fait, les résultats des essais cliniques sur des humains sont l'une des raisons pour lesquelles Theracurmin est aussi largement louangé comme étonnante percée et comme produit révolutionnaire.

Quelle est la dose appropriée de Theracurmin ?

Tout dépend de l'application. Pour la promotion de la santé générale, la recommandation est de 30 mg de curcumine sous forme de Theracurmin, deux fois par jour. Pour certaines applications précises, surtout celles qui sont associées à une inflammation majeure, la dose peut être beaucoup plus élevée. Le chapitre 4 donne des exemples de situation où des doses supérieures ont été utilisées.

Theracurmin est-il sans danger pour la santé ?

Des études poussées sur des animaux et des humains ont conclu à l'innocuité de la curcumine et du complexe Theracurmin. Ni effets secondaires importants, ni toxicité n'ont été signalés, que ce soit à des doses ordinaires ou à des doses extrêmement élevées.

Existe-t-il des interactions médicamenteuses pouvant présenter des risques ?

Théoriquement, la curcumine a plusieurs possibilités d'interactions médicamenteuses, mais quelques-unes seulement ont été confirmées. Les plus préoccupantes sont les interactions avec certains agents chimiothérapeutiques. De façon générale, la curcumine semble avoir augmenté la sensibilité des cellules cancéreuses à la majorité de ces agents. Il a également été prouvé que la curcumine protège contre les dommages causés au cœur et à d'autres tissus par la chimiothérapie. Ces résultats dénotent de possibles bienfaits pour les personnes soumises à une chimiothérapie.

Cependant, des études réalisées sur des cultures cellulaires ont évoqué le risque de la curcumine de nuire à l'effet de certains agents chimiothérapeutiques. L'importance clinique de cette interaction n'est pas connue, mais je recommande à toute personne qui prend l'un ou l'autre des médicaments énumérés ci-dessous de consulter son médecin avant de prendre un produit dérivé de la curcumine : la camptothécine, la méchloréthamine, la doxorubicine, la cyclophosphamide et la norfloxacine.

Où puis-je trouver des renseignements supplémentaires et me tenir au courant des études les plus récentes sur le complexe Theracumin ?

Vous pouvez consulter le site **www.therainnovations.com/ research/theracurmin**. Ce site Web contient une liste de toutes les études achevées et en cours ainsi que des liens menant vers le rapport de recherche ou l'établissement responsable de l'étude.

Bibliographie

Bradford PG. Curcumin and obesity. *Biofactors*. 2013 Jan-Feb; 39(1):78-87.

Gupta SC, Patchva S, Aggarwal BB. Therapeutic roles of curcumin: lessons learned from clinical trials. *AAPS J*. 2013 Jan; 15(1):195-218.

Hossain DM, Bhattacharyya S, Das T, et al. Curcumin: the multi-targeted therapy for cancer regression. *Front Biosci* (Schol Ed). 2012 Jan 1; 4:335-55.

Kanai M, Imaizumi A, Otsuka Y, et al. Dose-escalation and pharmacokinetic study of nanoparticle curcumin, a potential anticancer agent with improved bioavailability, in healthy human volunteers. *Cancer Chemother Pharmacol*. 2012 Jan; 69(1):65-70.

Kanai M, Otsuka Y, Otsuka K, et al. A phase I study investigating the safety and pharmacokinetics of highly bioavailable curcumin (Theracurmin) in cancer patients. *Cancer Chemother Pharmacol*. 2013 Jun; 71(6):1521-30.

Lopresti AL, Hood SD, Drummond PD. Multiple antidepressant potential modes of action of curcumin: a review of its anti-inflammatory, monoaminergic, antioxidant, immune-modulating and neuroprotective effects. *J Psychopharmacol*. 2012 Dec; 26(12):1512-24.

Noorafshan A, Ashkani-Esfahani S. A review of therapeutic effects of curcumin. *Curr Pharm Des.* 2013; 19(11):2032-46.

Sasaki H, Sunagawa Y, Takahashi K, et al. Innovative preparation of curcumin for improved oral bioavailability. *Biol Pharm Bull.* 2011; 34(5):660-5.

Shehzad A, Rehman G, Lee YS. Curcumin in inflammatory diseases. *Biofactors.* 2013 Jan-Feb; 39(1):69-77.

Shimatsu A, Kakeya H, Imaizumi A, et al. Clinical application of "curcumin", a multi-functional substance. *Anti-Aging Med.* 2012 March; 9(2):75-83.

Sugawara J, Akazawa N, Miyaki A, et al. Effect of endurance exercise training and curcumin intake on central arterial hemodynamics in postmenopausal women: pilot study. *Am J Hypertens.* 2012 Jun; 25(6): 651-6.

Takahashi M, Suzuki K, Kim HK, et al. Effects of curcumin supple mentation on exercise-induced oxidative stress in humans. *Int J Sports Med.* 2013; 34:1-7.